The Day's Hard Edge

ALSO BY JOSÉ ANTONIO RODRÍGUEZ

POETRY

This American Autopsy

Backlit Hour

The Shallow End of Sleep

MEMOIR

House Built on Ashes

The Day's Hard Edge

POEMS

JOSÉ ANTONIO RODRÍGUEZ

CURBSTONE BOOKS / NORTHWESTERN UNIVERSITY PRESS
EVANSTON, ILLINOIS

Curbstone Books

Northwestern University Press

www.nupress.northwestern.edu

Published 2024 by Curbstone Books / Northwestern University Press.

Printed in the United States of America

10 9 8 7 6 5 4 3 2 1

LIBRARY OF CONGRESS CATALOGING-IN-PUBLICATION DATA

Names: Rodríguez, José Antonio, 1974– author.

Title: The day's hard edge : poems / José Antonio Rodríguez.

Description: Evanston, Illinois : Curbstone Books/Northwestern University Press, 2024.

Identifiers: LCCN 2023057121 | ISBN 9780810147256 (paperback) | ISBN 9780810147263 (ebook)

Subjects: LCGFT: Poetry.

Classification: LCC PS3618.035835 D39 2024 | DDC 811/.6—dc23/eng/20231229

LC record available at https://lccn.loc.gov/2023057121

A la gente de la frontera

When they can't back up any more,
When they can't move, the flame—
It touches them,

FROM "RABBITS AND FIRE" BY ALBERTO RÍOS

CONTENTS

1

NOT EVEN THE STARS

The gray streets a mirror
To a gray sky. The city churned,
Buses roared restless,
Strangers dressed for an audience
Walked with purpose.
My muddy home suddenly
Far from this unfamiliar city
Where I stood alone
On a sidewalk, no one reaching,
No one claiming me,
No one murmuring about the boy
Abandoned to the night
Rushing cold with a dark so absolute,
Not even the stars would survive it.
All this came to me once,
Inside a muddy kitchen,
When my sad mother said
        Ya no te quiero.
In this context, "quiero" means
Both love and want.
So, I don't quiero you anymore.
I was four, too young to know
That was the poem
And its end.

THE GIFT

Killed by my older brother,
Little corpse cooked by my mother
On a tiny stove standing in dirt.
Its innards glistened on the plate
Like calling attention to its death.
Tough so I forced them down
And spit out what I couldn't
Under the table. Discreetly
Emptying myself of what
Needed nothing not of itself to fly,
A thing blue-black with brilliance
And eyes unafraid to witness us
Humans. In a Mexican folktale
My mother once told me
A boy eats grackle
And for a moment is given the gift
Not of flight but
Of a bird's-eye view,
Floating above himself—though
I didn't float above
In that kitchen in that village
To see the curious tableau,
The feathers outside already dispersing.
About the folktale,
I made it up.

BLEAT

Is such an interesting word.
First because it mimics an animal sound, which is already oddly loaded.

Then because the animal is a goat, and not a dog or cat,
Whose sound words have become so common as to be mundane. Dull,
even.

Finally, because the word sounds like "bleed" up until the very last letter,
So that even after the *t*, "bleed" lingers a little in the mind,

There at the bottom of the well, where you swear the dark is alive,
Which would suggest either a memory of blood

Or an association between goat and bleeding,
Which, you'll agree, is about the same as a goat dying,
even as it calls out its presence.

I saw my father slaughter a goat when I was four
And lived far away from where I live now.

Another country. Another time.
You could almost say another life.

It didn't bleat then, though it did the days before,
A mournful sound that my four-year-old mind thought

Might have been about being tied to a tree.

THE GHOSTS IN MY ROOM

The ghosts in my room sit on the dresser,
Crouch under my nightstand,
Kneel at my bedside begging to be heard—
        the story of the first kiss or the last,
        the journey of the first crossing
        and the digging of the grave.
I tell them every night I'm full up on grief,
That it stiffens my pillow, drools out of me
Dreaming of chasing them away,
Past the hallway, the front door,
Into the backyard's lone tree.
The ghosts in my room look like me
When I was young—their knobby elbows and knees
Knock about like dice in a cup—
Inelegant and unwise. The ghosts in my room
Sometimes grow silent as if in prayer
For the resting souls of whom I've killed,
As if the stillness of the curtains
And the uncertain light sifting through them
Have finally lulled them to sleep, lidless and mute.

THE BOYS

The village store was tiny though it seemed huge,
The one shelved wall half-stocked with essentials—
The containers of which would become garbage
To be burned in a shallow pit behind every other dwelling—
The counter imposing with its long surface—
A slab of lard spotted with flies at one end,
A clanging machine called "register" at the other—
And the woman smiling down at me
As I read every coin in my palm
To determine she'd returned the right change.
So little and he can already do math, she cooed.
At four, everything looked tall,
Including the boys waiting outside
With their name-calling and their rocks.
I'd run home, coins in my pocket,
Box of rice in one arm, and in the other
The memory of the woman smiling
Because I had learned an abstraction
And its weight.

TERRESTRIAL

IN MEMORY OF LA SIERRITA, TAMAULIPAS, MÉXICO

And when the sun left,

The sky shone a black almost blue

Without electric bulbs to dim it

And so, without shadow,

Only innumerable points of cosmic light

Throbbing almost as if alive,

Their brilliance some elemental language

That we could never decipher,

A voice that could never reach us

Between our rounds of hide-and-seek

Just beyond the pit of the cooking fire.

PILGRIM

To be honest, I don't know
About plants standing in for our bodies
In poems—
    the shoulders of saguaros
    the legs of the marsh tree
    the fingers of a leaf.
So what if the Virgin of Guadalupe
Loved roses so much
She made them bloom on a rocky plane
Beside which she would later open her cloak?
Yes, she was a deity then,
But she had inhabited a body once.
Anyway, I'll never be Juan Diego
Pruning roses for the Spanish missionaries,
Though sometimes I do feel
Like one of those pilgrims aiming for the basilica,
Dragging his knees across concrete
Even while knowing he will never die
The way the green dies in winter
Only to return the following season, reborn.

CRUSHED

A house above my head,
Above my torso,
Above my limbs,
When I crawled into the space
Between the ground
And the floorboards then,
Unable to say now
Why I did it—
Some personal dare,
To retrieve a ball,
To hide from my mean cousin
Into the cool,
Darkened dirt, the fear
Of being crushed
A nightmare I snuffed out
Every other second, willed away
To keep moving in any direction,
Ignoring the other crawling creatures.

(NUMBER PER DAY) × (NUMBER OF SCHOOL DAYS PER YEAR) × (NUMBER OF YEARS) = 5,400; OR, A LOW ESTIMATE OF THE NUMBER OF TIMES I WAS NAME-CALLED BETWEEN THIRD AND EIGHTH GRADES

faggot faggot faggot faggot faggot faggot faggot faggot faggot faggot
faggot faggot faggot faggot faggot faggot faggot faggot faggot faggot
faggot faggot faggot faggot faggot faggot faggot faggot faggot faggot
faggot faggot faggot faggot faggot faggot faggot faggot faggot faggot
faggot faggot faggot faggot faggot faggot faggot faggot faggot faggot
faggot faggot faggot faggot faggot faggot faggot faggot faggot faggot
faggot faggot faggot faggot faggot faggot faggot faggot faggot faggot
faggot faggot faggot faggot faggot faggot faggot faggot faggot faggot
faggot faggot faggot faggot faggot faggot faggot faggot faggot faggot
faggot faggot faggot faggot faggot faggot faggot faggot faggot faggot
faggot faggot faggot faggot faggot faggot faggot faggot faggot faggot
faggot faggot faggot faggot faggot faggot faggot faggot faggot faggot
faggot faggot faggot faggot faggot faggot faggot faggot faggot faggot
faggot faggot faggot faggot faggot faggot faggot faggot faggot faggot
faggot faggot faggot faggot faggot faggot faggot faggot faggot faggot
faggot faggot faggot faggot faggot faggot faggot faggot faggot faggot
faggot faggot faggot faggot faggot faggot faggot faggot faggot faggot
faggot faggot faggot faggot faggot faggot faggot faggot faggot faggot
faggot faggot faggot faggot faggot faggot faggot faggot faggot faggot
faggot faggot faggot faggot faggot faggot faggot faggot faggot faggot
faggot faggot faggot faggot faggot faggot faggot faggot faggot faggot
faggot faggot faggot faggot faggot faggot faggot faggot faggot faggot
faggot faggot faggot faggot faggot faggot faggot faggot faggot faggot
faggot faggot faggot faggot faggot faggot faggot faggot faggot faggot
faggot faggot faggot faggot faggot faggot faggot faggot faggot faggot

faggot faggot faggot faggot faggot faggot faggot faggot faggot faggot
faggot faggot faggot faggot faggot faggot faggot faggot faggot faggot
faggot faggot faggot faggot faggot faggot faggot faggot faggot faggot
faggot faggot faggot faggot faggot faggot faggot faggot faggot faggot
faggot faggot faggot faggot faggot faggot faggot faggot faggot faggot
faggot faggot faggot faggot faggot faggot faggot faggot faggot faggot
faggot faggot faggot faggot faggot faggot faggot faggot faggot faggot
faggot faggot faggot faggot faggot faggot faggot faggot faggot faggot
faggot faggot faggot faggot faggot faggot faggot faggot faggot faggot
faggot faggot faggot faggot faggot faggot faggot faggot faggot faggot
faggot faggot faggot faggot faggot faggot faggot faggot faggot faggot
faggot faggot faggot faggot faggot faggot faggot faggot faggot faggot
faggot faggot faggot faggot faggot faggot faggot faggot faggot faggot
faggot faggot faggot faggot faggot faggot faggot faggot faggot faggot
faggot faggot faggot faggot faggot faggot faggot faggot faggot faggot
faggot faggot faggot faggot faggot faggot faggot faggot faggot faggot
faggot faggot faggot faggot faggot faggot faggot faggot faggot faggot
faggot faggot faggot faggot faggot faggot faggot faggot faggot faggot
faggot faggot faggot faggot faggot faggot faggot faggot faggot faggot
faggot faggot faggot faggot faggot faggot faggot faggot faggot faggot
faggot faggot faggot faggot faggot faggot faggot faggot faggot faggot
faggot faggot faggot faggot faggot faggot faggot faggot faggot faggot
faggot faggot faggot faggot faggot faggot faggot faggot faggot faggot
faggot faggot faggot faggot faggot faggot faggot faggot faggot faggot
faggot faggot faggot faggot faggot faggot faggot faggot faggot faggot
faggot faggot faggot faggot faggot faggot faggot faggot faggot faggot
faggot faggot faggot faggot faggot faggot faggot faggot faggot faggot
faggot faggot faggot faggot faggot faggot faggot faggot faggot faggot
faggot faggot faggot faggot faggot faggot faggot faggot faggot faggot
faggot faggot faggot faggot faggot faggot faggot faggot faggot faggot
faggot faggot faggot faggot faggot faggot faggot faggot faggot faggot

faggot faggot faggot faggot faggot faggot faggot faggot faggot faggot
faggot faggot faggot faggot faggot faggot faggot faggot faggot faggot
faggot faggot faggot faggot faggot faggot faggot faggot faggot faggot
faggot faggot faggot faggot faggot faggot faggot faggot faggot faggot
faggot faggot faggot faggot faggot faggot faggot faggot faggot faggot
faggot faggot faggot faggot faggot faggot faggot faggot faggot faggot
faggot faggot faggot faggot faggot faggot faggot faggot faggot faggot
faggot faggot faggot faggot faggot faggot faggot faggot faggot faggot
faggot faggot faggot faggot faggot faggot faggot faggot faggot faggot
faggot faggot faggot faggot faggot faggot faggot faggot faggot faggot
faggot faggot faggot faggot faggot faggot faggot faggot faggot faggot
faggot faggot faggot faggot faggot faggot faggot faggot faggot faggot
faggot faggot faggot faggot faggot faggot faggot faggot faggot faggot
faggot faggot faggot faggot faggot faggot faggot faggot faggot faggot
faggot faggot faggot faggot faggot faggot faggot faggot faggot faggot
faggot faggot faggot faggot faggot faggot faggot faggot faggot faggot
faggot faggot faggot faggot faggot faggot faggot faggot faggot faggot
faggot faggot faggot faggot faggot faggot faggot faggot faggot faggot
faggot faggot faggot faggot faggot faggot faggot faggot faggot faggot
faggot faggot faggot faggot faggot faggot faggot faggot faggot faggot
faggot faggot faggot faggot faggot faggot faggot faggot faggot faggot
faggot faggot faggot faggot faggot faggot faggot faggot faggot faggot
faggot faggot faggot faggot faggot faggot faggot faggot faggot faggot
faggot faggot faggot faggot faggot faggot faggot faggot faggot faggot
faggot faggot faggot faggot faggot faggot faggot faggot faggot faggot
faggot faggot faggot faggot faggot faggot faggot faggot faggot faggot
faggot faggot faggot faggot faggot faggot faggot faggot faggot faggot
faggot faggot faggot faggot faggot faggot faggot faggot faggot faggot
faggot faggot faggot faggot faggot faggot faggot faggot faggot faggot
faggot faggot faggot faggot faggot faggot faggot faggot faggot faggot
faggot faggot faggot faggot faggot faggot faggot faggot faggot faggot

faggot faggot faggot faggot faggot faggot faggot faggot faggot faggot
faggot faggot faggot faggot faggot faggot faggot faggot faggot faggot
faggot faggot faggot faggot faggot faggot faggot faggot faggot faggot
faggot faggot faggot faggot faggot faggot faggot faggot faggot faggot
faggot faggot faggot faggot faggot faggot faggot faggot faggot faggot
faggot faggot faggot faggot faggot faggot faggot faggot faggot faggot
faggot faggot faggot faggot faggot faggot faggot faggot faggot faggot
faggot faggot faggot faggot faggot faggot faggot faggot faggot faggot
faggot faggot faggot faggot faggot faggot faggot faggot faggot faggot
faggot faggot faggot faggot faggot faggot faggot faggot faggot faggot
faggot faggot faggot faggot faggot faggot faggot faggot faggot faggot
faggot faggot faggot faggot faggot faggot faggot faggot faggot faggot
faggot faggot faggot faggot faggot faggot faggot faggot faggot faggot
faggot faggot faggot faggot faggot faggot faggot faggot faggot faggot
faggot faggot faggot faggot faggot faggot faggot faggot faggot faggot
faggot faggot faggot faggot faggot faggot faggot faggot faggot faggot
faggot faggot faggot faggot faggot faggot faggot faggot faggot faggot
faggot faggot faggot faggot faggot faggot faggot faggot faggot faggot
faggot faggot faggot faggot faggot faggot faggot faggot faggot faggot
faggot faggot faggot faggot faggot faggot faggot faggot faggot faggot
faggot faggot faggot faggot faggot faggot faggot faggot faggot faggot
faggot faggot faggot faggot faggot faggot faggot faggot faggot faggot
faggot faggot faggot faggot faggot faggot faggot faggot faggot faggot
faggot faggot faggot faggot faggot faggot faggot faggot faggot faggot
faggot faggot faggot faggot faggot faggot faggot faggot faggot faggot
faggot faggot faggot faggot faggot faggot faggot faggot faggot faggot
faggot faggot faggot faggot faggot faggot faggot faggot faggot faggot
faggot faggot faggot faggot faggot faggot faggot faggot faggot faggot
faggot faggot faggot faggot faggot faggot faggot faggot faggot faggot
faggot faggot faggot faggot faggot faggot faggot faggot faggot faggot
faggot faggot faggot faggot faggot faggot faggot faggot faggot faggot

faggot faggot faggot faggot faggot faggot faggot faggot faggot faggot
faggot faggot faggot faggot faggot faggot faggot faggot faggot faggot
faggot faggot faggot faggot faggot faggot faggot faggot faggot faggot
faggot faggot faggot faggot faggot faggot faggot faggot faggot faggot
faggot faggot faggot faggot faggot faggot faggot faggot faggot faggot
faggot faggot faggot faggot faggot faggot faggot faggot faggot faggot
faggot faggot faggot faggot faggot faggot faggot faggot faggot faggot
faggot faggot faggot faggot faggot faggot faggot faggot faggot faggot
faggot faggot faggot faggot faggot faggot faggot faggot faggot faggot
faggot faggot faggot faggot faggot faggot faggot faggot faggot faggot
faggot faggot faggot faggot faggot faggot faggot faggot faggot faggot
faggot faggot faggot faggot faggot faggot faggot faggot faggot faggot
faggot faggot faggot faggot faggot faggot faggot faggot faggot faggot
faggot faggot faggot faggot faggot faggot faggot faggot faggot faggot
faggot faggot faggot faggot faggot faggot faggot faggot faggot faggot
faggot faggot faggot faggot faggot faggot faggot faggot faggot faggot
faggot faggot faggot faggot faggot faggot faggot faggot faggot faggot
faggot faggot faggot faggot faggot faggot faggot faggot faggot faggot
faggot faggot faggot faggot faggot faggot faggot faggot faggot faggot
faggot faggot faggot faggot faggot faggot faggot faggot faggot faggot
faggot faggot faggot faggot faggot faggot faggot faggot faggot faggot
faggot faggot faggot faggot faggot faggot faggot faggot faggot faggot
faggot faggot faggot faggot faggot faggot faggot faggot faggot faggot
faggot faggot faggot faggot faggot faggot faggot faggot faggot faggot
faggot faggot faggot faggot faggot faggot faggot faggot faggot faggot
faggot faggot faggot faggot faggot faggot faggot faggot faggot faggot
faggot faggot faggot faggot faggot faggot faggot faggot faggot faggot
faggot faggot faggot faggot faggot faggot faggot faggot faggot faggot
faggot faggot faggot faggot faggot faggot faggot faggot faggot faggot
faggot faggot faggot faggot faggot faggot faggot faggot faggot faggot
faggot faggot faggot faggot faggot faggot faggot faggot faggot faggot

faggot faggot faggot faggot faggot faggot faggot faggot faggot faggot
faggot faggot faggot faggot faggot faggot faggot faggot faggot faggot
faggot faggot faggot faggot faggot faggot faggot faggot faggot faggot
faggot faggot faggot faggot faggot faggot faggot faggot faggot faggot
faggot faggot faggot faggot faggot faggot faggot faggot faggot faggot
faggot faggot faggot faggot faggot faggot faggot faggot faggot faggot
faggot faggot faggot faggot faggot faggot faggot faggot faggot faggot
faggot faggot faggot faggot faggot faggot faggot faggot faggot faggot
faggot faggot faggot faggot faggot faggot faggot faggot faggot faggot
faggot faggot faggot faggot faggot faggot faggot faggot faggot faggot
faggot faggot faggot faggot faggot faggot faggot faggot faggot faggot
faggot faggot faggot faggot faggot faggot faggot faggot faggot faggot
faggot faggot faggot faggot faggot faggot faggot faggot faggot faggot
faggot faggot faggot faggot faggot faggot faggot faggot faggot faggot
faggot faggot faggot faggot faggot faggot faggot faggot faggot faggot
faggot faggot faggot faggot faggot faggot faggot faggot faggot faggot
faggot faggot faggot faggot faggot faggot faggot faggot faggot faggot
faggot faggot faggot faggot faggot faggot faggot faggot faggot faggot
faggot faggot faggot faggot faggot faggot faggot faggot faggot faggot
faggot faggot faggot faggot faggot faggot faggot faggot faggot faggot
faggot faggot faggot faggot faggot faggot faggot faggot faggot faggot
faggot faggot faggot faggot faggot faggot faggot faggot faggot faggot
faggot faggot faggot faggot faggot faggot faggot faggot faggot faggot
faggot faggot faggot faggot faggot faggot faggot faggot faggot faggot
faggot faggot faggot faggot faggot faggot faggot faggot faggot faggot
faggot faggot faggot faggot faggot faggot faggot faggot faggot faggot
faggot faggot faggot faggot faggot faggot faggot faggot faggot faggot
faggot faggot faggot faggot faggot faggot faggot faggot faggot faggot
faggot faggot faggot faggot faggot faggot faggot faggot faggot faggot
faggot faggot faggot faggot faggot faggot faggot faggot faggot faggot
faggot faggot faggot faggot faggot faggot faggot faggot faggot faggot

faggot faggot faggot faggot faggot faggot faggot faggot faggot faggot
faggot faggot faggot faggot faggot faggot faggot faggot faggot faggot
faggot faggot faggot faggot faggot faggot faggot faggot faggot faggot
faggot faggot faggot faggot faggot faggot faggot faggot faggot faggot
faggot faggot faggot faggot faggot faggot faggot faggot faggot faggot
faggot faggot faggot faggot faggot faggot faggot faggot faggot faggot
faggot faggot faggot faggot faggot faggot faggot faggot faggot faggot
faggot faggot faggot faggot faggot faggot faggot faggot faggot faggot
faggot faggot faggot faggot faggot faggot faggot faggot faggot faggot
faggot faggot faggot faggot faggot faggot faggot faggot faggot faggot
faggot faggot faggot faggot faggot faggot faggot faggot faggot faggot
faggot faggot faggot faggot faggot faggot faggot faggot faggot faggot
faggot faggot faggot faggot faggot faggot faggot faggot faggot faggot
faggot faggot faggot faggot faggot faggot faggot faggot faggot faggot
faggot faggot faggot faggot faggot faggot faggot faggot faggot faggot
faggot faggot faggot faggot faggot faggot faggot faggot faggot faggot
faggot faggot faggot faggot faggot faggot faggot faggot faggot faggot
faggot faggot faggot faggot faggot faggot faggot faggot faggot faggot
faggot faggot faggot faggot faggot faggot faggot faggot faggot faggot
faggot faggot faggot faggot faggot faggot faggot faggot faggot faggot
faggot faggot faggot faggot faggot faggot faggot faggot faggot faggot
faggot faggot faggot faggot faggot faggot faggot faggot faggot faggot
faggot faggot faggot faggot faggot faggot faggot faggot faggot faggot
faggot faggot faggot faggot faggot faggot faggot faggot faggot faggot
faggot faggot faggot faggot faggot faggot faggot faggot faggot faggot
faggot faggot faggot faggot faggot faggot faggot faggot faggot faggot
faggot faggot faggot faggot faggot faggot faggot faggot faggot faggot
faggot faggot faggot faggot faggot faggot faggot faggot faggot faggot
faggot faggot faggot faggot faggot faggot faggot faggot faggot faggot
faggot faggot faggot faggot faggot faggot faggot faggot faggot faggot
faggot faggot faggot faggot faggot faggot faggot faggot faggot faggot

faggot faggot faggot faggot faggot faggot faggot faggot faggot faggot
faggot faggot faggot faggot faggot faggot faggot faggot faggot faggot
faggot faggot faggot faggot faggot faggot faggot faggot faggot faggot
faggot faggot faggot faggot faggot faggot faggot faggot faggot faggot
faggot faggot faggot faggot faggot faggot faggot faggot faggot faggot
faggot faggot faggot faggot faggot faggot faggot faggot faggot faggot
faggot faggot faggot faggot faggot faggot faggot faggot faggot faggot
faggot faggot faggot faggot faggot faggot faggot faggot faggot faggot
faggot faggot faggot faggot faggot faggot faggot faggot faggot faggot
faggot faggot faggot faggot faggot faggot faggot faggot faggot faggot
faggot faggot faggot faggot faggot faggot faggot faggot faggot faggot
faggot faggot faggot faggot faggot faggot faggot faggot faggot faggot
faggot faggot faggot faggot faggot faggot faggot faggot faggot faggot
faggot faggot faggot faggot faggot faggot faggot faggot faggot faggot
faggot faggot faggot faggot faggot faggot faggot faggot faggot faggot
faggot faggot faggot faggot faggot faggot faggot faggot faggot faggot
faggot faggot faggot faggot faggot faggot faggot faggot faggot faggot
faggot faggot faggot faggot faggot faggot faggot faggot faggot faggot
faggot faggot faggot faggot faggot faggot faggot faggot faggot faggot
faggot faggot faggot faggot faggot faggot faggot faggot faggot faggot
faggot faggot faggot faggot faggot faggot faggot faggot faggot faggot
faggot faggot faggot faggot faggot faggot faggot faggot faggot faggot
faggot faggot faggot faggot faggot faggot faggot faggot faggot faggot
faggot faggot faggot faggot faggot faggot faggot faggot faggot faggot
faggot faggot faggot faggot faggot faggot faggot faggot faggot faggot
faggot faggot faggot faggot faggot faggot faggot faggot faggot faggot
faggot faggot faggot faggot faggot faggot faggot faggot faggot faggot
faggot faggot faggot faggot faggot faggot faggot faggot faggot faggot
faggot faggot faggot faggot faggot faggot faggot faggot faggot faggot
faggot faggot faggot faggot faggot faggot faggot faggot faggot faggot
faggot faggot faggot faggot faggot faggot faggot faggot faggot faggot

faggot faggot faggot faggot faggot faggot faggot faggot faggot faggot
faggot faggot faggot faggot faggot faggot faggot faggot faggot faggot
faggot faggot faggot faggot faggot faggot faggot faggot faggot faggot
faggot faggot faggot faggot faggot faggot faggot faggot faggot faggot
faggot faggot faggot faggot faggot faggot faggot faggot faggot faggot
faggot faggot faggot faggot faggot faggot faggot faggot faggot faggot
faggot faggot faggot faggot faggot faggot faggot faggot faggot faggot
faggot faggot faggot faggot faggot faggot faggot faggot faggot faggot
faggot faggot faggot faggot faggot faggot faggot faggot faggot faggot
faggot faggot faggot faggot faggot faggot faggot faggot faggot faggot
faggot faggot faggot faggot faggot faggot faggot faggot faggot faggot
faggot faggot faggot faggot faggot faggot faggot faggot faggot faggot
faggot faggot faggot faggot faggot faggot faggot faggot faggot faggot
faggot faggot faggot faggot faggot faggot faggot faggot faggot faggot
faggot faggot faggot faggot faggot faggot faggot faggot faggot faggot
faggot faggot faggot faggot faggot faggot faggot faggot faggot faggot
faggot faggot faggot faggot faggot faggot faggot faggot faggot faggot
faggot faggot faggot faggot faggot faggot faggot faggot faggot faggot
faggot faggot faggot faggot faggot faggot faggot faggot faggot faggot
faggot faggot faggot faggot faggot faggot faggot faggot faggot faggot
faggot faggot faggot faggot faggot faggot faggot faggot faggot faggot
faggot faggot faggot faggot faggot faggot faggot faggot faggot faggot
faggot faggot faggot faggot faggot faggot faggot faggot faggot faggot
faggot faggot faggot faggot faggot faggot faggot faggot faggot faggot
faggot faggot faggot faggot faggot faggot faggot faggot faggot faggot
faggot faggot faggot faggot faggot faggot faggot faggot faggot faggot
faggot faggot faggot faggot faggot faggot faggot faggot faggot faggot
faggot faggot faggot faggot faggot faggot faggot faggot faggot faggot
faggot faggot faggot faggot faggot faggot faggot faggot faggot faggot
faggot faggot faggot faggot faggot faggot faggot faggot faggot faggot
faggot faggot faggot faggot faggot faggot faggot faggot faggot faggot

faggot faggot faggot faggot faggot faggot faggot faggot faggot faggot
faggot faggot faggot faggot faggot faggot faggot faggot faggot faggot
faggot faggot faggot faggot faggot faggot faggot faggot faggot faggot
faggot faggot faggot faggot faggot faggot faggot faggot faggot faggot
faggot faggot faggot faggot faggot faggot faggot faggot faggot faggot
faggot faggot faggot faggot faggot faggot faggot faggot faggot faggot
faggot faggot faggot faggot faggot faggot faggot faggot faggot faggot
faggot faggot faggot faggot faggot faggot faggot faggot faggot faggot
faggot faggot faggot faggot faggot faggot faggot faggot faggot faggot
faggot faggot faggot faggot faggot faggot faggot faggot faggot faggot
faggot faggot faggot faggot faggot faggot faggot faggot faggot faggot
faggot faggot faggot faggot faggot faggot faggot faggot faggot faggot
faggot faggot faggot faggot faggot faggot faggot faggot faggot faggot
faggot faggot faggot faggot faggot faggot faggot faggot faggot faggot
faggot faggot faggot faggot faggot faggot faggot faggot faggot faggot
faggot faggot faggot faggot faggot faggot faggot faggot faggot faggot
faggot faggot faggot faggot faggot faggot faggot faggot faggot faggot
faggot faggot faggot faggot faggot faggot faggot faggot faggot faggot
faggot faggot faggot faggot faggot faggot faggot faggot faggot faggot
faggot faggot faggot faggot faggot faggot faggot faggot faggot faggot
faggot faggot faggot faggot faggot faggot faggot faggot faggot faggot
faggot faggot faggot faggot faggot faggot faggot faggot faggot faggot
faggot faggot faggot faggot faggot faggot faggot faggot faggot faggot
faggot faggot faggot faggot faggot faggot faggot faggot faggot faggot
faggot faggot faggot faggot faggot faggot faggot faggot faggot faggot
faggot faggot faggot faggot faggot faggot faggot faggot faggot faggot
faggot faggot faggot faggot faggot faggot faggot faggot faggot faggot
faggot faggot faggot faggot faggot faggot faggot faggot faggot faggot
faggot faggot faggot faggot faggot faggot faggot faggot faggot faggot
faggot faggot faggot faggot faggot faggot faggot faggot faggot faggot
faggot faggot faggot faggot faggot faggot faggot faggot faggot faggot

faggot faggot faggot faggot faggot faggot faggot faggot faggot faggot
faggot faggot faggot faggot faggot faggot faggot faggot faggot faggot
faggot faggot faggot faggot faggot faggot faggot faggot faggot faggot
faggot faggot faggot faggot faggot faggot faggot faggot faggot faggot
faggot faggot faggot faggot faggot faggot faggot faggot faggot faggot
faggot faggot faggot faggot faggot faggot faggot faggot faggot faggot
faggot faggot faggot faggot faggot faggot faggot faggot faggot faggot
faggot faggot faggot faggot faggot faggot faggot faggot faggot faggot
faggot faggot faggot faggot faggot faggot faggot faggot faggot faggot
faggot faggot faggot faggot faggot faggot faggot faggot faggot faggot
faggot faggot faggot faggot faggot faggot faggot faggot faggot faggot
faggot faggot faggot faggot faggot faggot faggot faggot faggot faggot
faggot faggot faggot faggot faggot faggot faggot faggot faggot faggot
faggot faggot faggot faggot faggot faggot faggot faggot faggot faggot
faggot faggot faggot faggot faggot faggot faggot faggot faggot faggot
faggot faggot faggot faggot faggot faggot faggot faggot faggot faggot
faggot faggot faggot faggot faggot faggot faggot faggot faggot faggot
faggot faggot faggot faggot faggot faggot faggot faggot faggot faggot
faggot faggot faggot faggot faggot faggot faggot faggot faggot faggot
faggot faggot faggot faggot faggot faggot faggot faggot faggot faggot
faggot faggot faggot faggot faggot faggot faggot faggot faggot faggot
faggot faggot faggot faggot faggot faggot faggot faggot faggot faggot
faggot faggot faggot faggot faggot faggot faggot faggot faggot faggot
faggot faggot faggot faggot faggot faggot faggot faggot faggot faggot
faggot faggot faggot faggot faggot faggot faggot faggot faggot faggot
faggot faggot faggot faggot faggot faggot faggot faggot faggot faggot
faggot faggot faggot faggot faggot faggot faggot faggot faggot faggot
faggot faggot faggot faggot faggot faggot faggot faggot faggot faggot
faggot faggot faggot faggot faggot faggot faggot faggot faggot faggot
faggot faggot faggot faggot faggot faggot faggot faggot faggot faggot
faggot faggot faggot faggot faggot faggot faggot faggot faggot faggot

faggot faggot faggot faggot faggot faggot faggot faggot faggot faggot
faggot faggot faggot faggot faggot faggot faggot faggot faggot faggot
faggot faggot faggot faggot faggot faggot faggot faggot faggot faggot
faggot faggot faggot faggot faggot faggot faggot faggot faggot faggot
faggot faggot faggot faggot faggot faggot faggot faggot faggot faggot
faggot faggot faggot faggot faggot faggot faggot faggot faggot faggot
faggot faggot faggot faggot faggot faggot faggot faggot faggot faggot
faggot faggot faggot faggot faggot faggot faggot faggot faggot faggot
faggot faggot faggot faggot faggot faggot faggot faggot faggot faggot
faggot faggot faggot faggot faggot faggot faggot faggot faggot faggot
faggot faggot faggot faggot faggot faggot faggot faggot faggot faggot
faggot faggot faggot faggot faggot faggot faggot faggot faggot faggot
faggot faggot faggot faggot faggot faggot faggot faggot faggot faggot
faggot faggot faggot faggot faggot faggot faggot faggot faggot faggot
faggot faggot faggot faggot faggot faggot faggot faggot faggot faggot
faggot faggot faggot faggot faggot faggot faggot faggot faggot faggot
faggot faggot faggot faggot faggot faggot faggot faggot faggot faggot
faggot faggot faggot faggot faggot faggot faggot faggot faggot faggot
faggot faggot faggot faggot faggot faggot faggot faggot faggot faggot
faggot faggot faggot faggot faggot faggot faggot faggot faggot faggot
faggot faggot faggot faggot faggot faggot faggot faggot faggot faggot
faggot faggot faggot faggot faggot faggot faggot faggot faggot faggot
faggot faggot faggot faggot faggot faggot faggot faggot faggot faggot
faggot faggot faggot faggot faggot faggot faggot faggot faggot faggot
faggot faggot faggot faggot faggot faggot faggot faggot faggot faggot
faggot faggot faggot faggot faggot faggot faggot faggot faggot faggot
faggot faggot faggot faggot faggot faggot faggot faggot faggot faggot
faggot faggot faggot faggot faggot faggot faggot faggot faggot faggot
faggot faggot faggot faggot faggot faggot faggot faggot faggot faggot
faggot faggot faggot faggot faggot faggot faggot faggot faggot faggot
faggot faggot faggot faggot faggot faggot faggot faggot faggot faggot

faggot faggot faggot faggot faggot faggot faggot faggot faggot faggot
faggot faggot faggot faggot faggot faggot faggot faggot faggot faggot
faggot faggot faggot faggot faggot faggot faggot faggot faggot faggot
faggot faggot faggot faggot faggot faggot faggot faggot faggot faggot
faggot faggot faggot faggot faggot faggot faggot faggot faggot faggot
faggot faggot faggot faggot faggot faggot faggot faggot faggot faggot
faggot faggot faggot faggot faggot faggot faggot faggot faggot faggot
faggot faggot faggot faggot faggot faggot faggot faggot faggot faggot
faggot faggot faggot faggot faggot faggot faggot faggot faggot faggot
faggot faggot faggot faggot faggot faggot faggot faggot faggot faggot
faggot faggot faggot faggot faggot faggot faggot faggot faggot faggot
faggot faggot faggot faggot faggot faggot faggot faggot faggot faggot
faggot faggot faggot faggot faggot faggot faggot faggot faggot faggot
faggot faggot faggot faggot faggot faggot faggot faggot faggot faggot
faggot faggot faggot faggot faggot faggot faggot faggot faggot faggot
faggot faggot faggot faggot faggot faggot faggot faggot faggot faggot
faggot faggot faggot faggot faggot faggot faggot faggot faggot faggot
faggot faggot faggot faggot faggot faggot faggot faggot faggot faggot
faggot faggot faggot faggot faggot faggot faggot faggot faggot faggot
faggot faggot faggot faggot faggot faggot faggot faggot faggot faggot
faggot faggot faggot faggot faggot faggot faggot faggot faggot faggot
faggot faggot faggot faggot faggot faggot faggot faggot faggot faggot
faggot faggot faggot faggot faggot faggot faggot faggot faggot faggot
faggot faggot faggot faggot faggot faggot faggot faggot faggot faggot
faggot faggot faggot faggot faggot faggot faggot faggot faggot faggot
faggot faggot faggot faggot faggot faggot faggot faggot faggot faggot
faggot faggot faggot faggot faggot faggot faggot faggot faggot faggot
faggot faggot faggot faggot faggot faggot faggot faggot faggot faggot
faggot faggot faggot faggot faggot faggot faggot faggot faggot faggot
faggot faggot faggot faggot faggot faggot faggot faggot faggot faggot
faggot faggot faggot faggot faggot faggot faggot faggot faggot faggot

faggot faggot faggot faggot faggot faggot faggot faggot faggot faggot
faggot faggot faggot faggot faggot faggot faggot faggot faggot faggot
faggot faggot faggot faggot faggot faggot faggot faggot faggot faggot
faggot faggot faggot faggot faggot faggot faggot faggot faggot faggot
faggot faggot faggot faggot faggot faggot faggot faggot faggot faggot
faggot faggot faggot faggot faggot faggot faggot faggot faggot faggot
faggot faggot faggot faggot faggot faggot faggot faggot faggot faggot
faggot faggot faggot faggot faggot faggot faggot faggot faggot faggot
faggot faggot faggot faggot faggot faggot faggot faggot faggot faggot
faggot faggot faggot faggot faggot faggot faggot faggot faggot faggot
faggot faggot faggot faggot faggot faggot faggot faggot faggot faggot
faggot faggot faggot faggot faggot faggot faggot faggot faggot faggot
faggot faggot faggot faggot faggot faggot faggot faggot faggot faggot
faggot faggot faggot faggot faggot faggot faggot faggot faggot faggot
faggot faggot faggot faggot faggot faggot faggot faggot faggot faggot
faggot faggot faggot faggot faggot faggot faggot faggot faggot faggot
faggot faggot faggot faggot faggot faggot faggot faggot faggot faggot
faggot faggot faggot faggot faggot faggot faggot faggot faggot faggot
faggot faggot faggot faggot faggot faggot faggot faggot faggot faggot
faggot faggot faggot faggot faggot faggot faggot faggot faggot faggot
faggot faggot faggot faggot faggot faggot faggot faggot faggot faggot
faggot faggot faggot faggot faggot faggot faggot faggot faggot faggot
faggot faggot faggot faggot faggot faggot faggot faggot faggot faggot
faggot faggot faggot faggot faggot faggot faggot faggot faggot faggot
faggot faggot faggot faggot faggot faggot faggot faggot faggot faggot
faggot faggot faggot faggot faggot faggot faggot faggot faggot faggot
faggot faggot faggot faggot faggot faggot faggot faggot faggot faggot
faggot faggot faggot faggot faggot faggot faggot faggot faggot faggot
faggot faggot faggot faggot faggot faggot faggot faggot faggot faggot
faggot faggot faggot faggot faggot faggot faggot faggot faggot faggot
faggot faggot faggot faggot faggot faggot faggot faggot faggot faggot

faggot faggot faggot faggot faggot faggot faggot faggot faggot faggot
faggot faggot faggot faggot faggot faggot faggot faggot faggot faggot
faggot faggot faggot faggot faggot faggot faggot faggot faggot faggot
faggot faggot faggot faggot faggot faggot faggot faggot faggot faggot
faggot faggot faggot faggot faggot faggot faggot faggot faggot faggot
faggot faggot faggot faggot faggot faggot faggot faggot faggot faggot
faggot faggot faggot faggot faggot faggot faggot faggot faggot faggot
faggot faggot faggot faggot faggot faggot faggot faggot faggot faggot
faggot faggot faggot faggot faggot faggot faggot faggot faggot faggot
faggot faggot faggot faggot faggot faggot faggot faggot faggot faggot
faggot faggot faggot faggot faggot faggot faggot faggot faggot faggot
faggot faggot faggot faggot faggot faggot faggot faggot faggot faggot
faggot faggot faggot faggot faggot faggot faggot faggot faggot faggot
faggot faggot faggot faggot faggot faggot faggot faggot faggot faggot
faggot faggot faggot faggot faggot faggot faggot faggot faggot faggot
faggot faggot faggot faggot faggot faggot faggot faggot faggot faggot
faggot faggot faggot faggot faggot faggot faggot faggot faggot faggot
faggot faggot faggot faggot faggot faggot faggot faggot faggot faggot
faggot faggot faggot faggot faggot faggot faggot faggot faggot faggot
faggot faggot faggot faggot faggot faggot faggot faggot faggot faggot
faggot faggot faggot faggot faggot faggot faggot faggot faggot faggot
faggot faggot faggot faggot faggot faggot faggot faggot faggot faggot
faggot faggot faggot faggot faggot faggot faggot faggot faggot faggot
faggot faggot faggot faggot faggot faggot faggot faggot faggot faggot
faggot faggot faggot faggot faggot faggot faggot faggot faggot faggot
faggot faggot faggot faggot faggot faggot faggot faggot faggot faggot
faggot faggot faggot faggot faggot faggot faggot faggot faggot faggot
faggot faggot faggot faggot faggot faggot faggot faggot faggot faggot
faggot faggot faggot faggot faggot faggot faggot faggot faggot faggot
faggot faggot faggot faggot faggot faggot faggot faggot faggot faggot
faggot faggot faggot faggot faggot faggot faggot faggot faggot faggot

faggot faggot faggot faggot faggot faggot faggot faggot faggot faggot
faggot faggot faggot faggot faggot faggot faggot faggot faggot faggot
faggot faggot faggot faggot faggot faggot faggot faggot faggot faggot
faggot faggot faggot faggot faggot faggot faggot faggot faggot faggot
faggot faggot faggot faggot faggot faggot faggot faggot faggot faggot
faggot faggot faggot faggot faggot faggot faggot faggot faggot faggot
faggot faggot faggot faggot faggot faggot faggot faggot faggot faggot
faggot faggot faggot faggot faggot faggot faggot faggot faggot faggot
faggot faggot faggot faggot faggot faggot faggot faggot faggot faggot
faggot faggot faggot faggot faggot faggot faggot faggot faggot faggot
faggot faggot faggot faggot faggot faggot faggot faggot faggot faggot
faggot faggot faggot faggot faggot faggot faggot faggot faggot faggot
faggot faggot faggot faggot faggot faggot faggot faggot faggot faggot
faggot faggot faggot faggot faggot faggot faggot faggot faggot faggot
faggot faggot faggot faggot faggot faggot faggot faggot faggot faggot
faggot faggot faggot faggot faggot faggot faggot faggot faggot faggot
faggot faggot faggot faggot faggot faggot faggot faggot faggot faggot
faggot faggot faggot faggot faggot faggot faggot faggot faggot faggot
faggot faggot faggot faggot faggot faggot faggot faggot faggot faggot
faggot faggot faggot faggot faggot faggot faggot faggot faggot faggot
faggot faggot faggot faggot faggot faggot faggot faggot faggot faggot
faggot faggot faggot faggot faggot faggot faggot faggot faggot faggot
faggot faggot faggot faggot faggot faggot faggot faggot faggot faggot
faggot faggot faggot faggot faggot faggot faggot faggot faggot faggot
faggot faggot faggot faggot faggot faggot faggot faggot faggot faggot
faggot faggot faggot faggot faggot faggot faggot faggot faggot faggot
faggot faggot faggot faggot faggot faggot faggot faggot faggot faggot
faggot faggot faggot faggot faggot faggot faggot faggot faggot faggot
faggot faggot faggot faggot faggot faggot faggot faggot faggot faggot
faggot faggot faggot faggot faggot faggot faggot faggot faggot faggot
faggot faggot faggot faggot faggot faggot faggot faggot faggot faggot

faggot faggot faggot faggot faggot faggot faggot faggot faggot faggot
faggot faggot faggot faggot faggot faggot faggot faggot faggot faggot
faggot faggot faggot faggot faggot faggot faggot faggot faggot faggot
faggot faggot faggot faggot faggot faggot faggot faggot faggot faggot
faggot faggot faggot faggot faggot faggot faggot faggot faggot faggot
faggot faggot faggot faggot faggot faggot faggot faggot faggot faggot
faggot faggot faggot faggot faggot faggot faggot faggot faggot faggot
faggot faggot faggot faggot faggot faggot faggot faggot faggot faggot
faggot faggot faggot faggot faggot faggot faggot faggot faggot faggot
faggot faggot faggot faggot faggot faggot faggot faggot faggot faggot
faggot faggot faggot faggot faggot faggot faggot faggot faggot faggot
faggot faggot faggot faggot faggot faggot faggot faggot faggot faggot
faggot faggot faggot faggot faggot faggot faggot faggot faggot faggot
faggot faggot faggot faggot faggot faggot faggot faggot faggot faggot
faggot faggot faggot faggot faggot faggot faggot faggot faggot faggot
faggot faggot faggot faggot faggot faggot faggot faggot faggot faggot
faggot faggot faggot faggot faggot faggot faggot faggot faggot faggot
faggot faggot faggot faggot faggot faggot faggot faggot faggot faggot
faggot faggot faggot faggot faggot faggot faggot faggot faggot faggot
faggot faggot faggot faggot faggot faggot faggot faggot faggot faggot
faggot faggot faggot faggot faggot faggot faggot faggot faggot faggot
faggot faggot faggot faggot faggot faggot faggot faggot faggot faggot
faggot faggot faggot faggot faggot faggot faggot faggot faggot faggot
faggot faggot faggot faggot faggot faggot faggot faggot faggot faggot
faggot faggot faggot faggot faggot faggot faggot faggot faggot faggot
faggot faggot faggot faggot faggot faggot faggot faggot faggot faggot
faggot faggot faggot faggot faggot faggot faggot faggot faggot faggot
faggot faggot faggot faggot faggot faggot faggot faggot faggot faggot
faggot faggot faggot faggot faggot faggot faggot faggot faggot faggot
faggot faggot faggot faggot faggot faggot faggot faggot faggot faggot
faggot faggot faggot faggot faggot faggot faggot faggot faggot faggot

faggot faggot faggot faggot faggot faggot faggot faggot faggot faggot
faggot faggot faggot faggot faggot faggot faggot faggot faggot faggot
faggot faggot faggot faggot faggot faggot faggot faggot faggot faggot
faggot faggot faggot faggot faggot faggot faggot faggot faggot faggot
faggot faggot faggot faggot faggot faggot faggot faggot faggot faggot
faggot faggot faggot faggot faggot faggot faggot faggot faggot faggot
faggot faggot faggot faggot faggot faggot faggot faggot faggot faggot
faggot faggot faggot faggot faggot faggot faggot faggot faggot faggot
faggot faggot faggot faggot faggot faggot faggot faggot faggot faggot
faggot faggot faggot faggot faggot faggot faggot faggot faggot faggot
faggot faggot faggot faggot faggot faggot faggot faggot faggot faggot
faggot faggot faggot faggot faggot faggot faggot faggot faggot faggot
faggot faggot faggot faggot faggot faggot faggot faggot faggot faggot
faggot faggot faggot faggot faggot faggot faggot faggot faggot faggot
faggot faggot faggot faggot faggot faggot faggot faggot faggot faggot
faggot faggot faggot faggot faggot faggot faggot faggot faggot faggot
faggot faggot faggot faggot faggot faggot faggot faggot faggot faggot
faggot faggot faggot faggot faggot faggot faggot faggot faggot faggot
faggot faggot faggot faggot faggot faggot faggot faggot faggot faggot

ROCK HUDSON

We were children then,
So many of us, our tongues'
Tips registering only
The faintest molecules
Of desire already spiked
With the mysterious trace
Of blooming lesions to purple
In the space between the body
And the imagined self. For years,
I didn't know anyone
Who had died of it,
But I knew
They were out there.

ONE DAY WALKING HOME FROM SCHOOL

I saw my cousin shooting a kitten with his BB gun
A boy dragging the smallest Christmas tree down an alley
A girl in jeans kissing a boy against a tree while he felt her up from
behind
A prostitute that looked like a man in a dress
My WWII uncle drunk by his car and saluting Hitler
A woman swearing the next life was what mattered
Light posts with frowns
Churches with freshly swept steps
An old man tipping his hat in greeting
Neighbors quarreling as Selena played in the background
A puddle filled with sky
A duplex filled with children
A dog sniffing my heels
A pair of cheap shoes with holes from the toes
A young priest smiling
A beaten piñata.
The city was no longer the same.

2

TENDER

Thinking of how much my father loved flowering plants
And how much my mother still does.

And of how unfathomably hard it must have been
To clothe and feed ten children

With the most meager of salaries for tending to citrus orchards—
For shoveling and irrigating and shoveling again.

How he groaned when I removed his work boots
At day's end, an exhaustion deeper than any well.

Mom says his boss was a jerk, nothing ever good enough.
After everything, that empathy of her for him

Who'd never listened to her pleas because the priest said
All the children God will allow, the priest

Who never saw her afternoons slumped by the kitchen table,
A blank stare into somewhere

My voice could never reach.
Nothing to do but walk away. I swear

This is not about the unwanted child,
Or what a therapist called embodiment of the violation,

But about the strength and will to cradle the plants
Outside —the pruning, the watering, the sheltering

In found tarps and twine against the coldest nights.
To lean into the day's hard edge,

And still find that reserve of tenderness
For the bougainvillea, the hibiscus, the blue morning.

BY THE VENDING MACHINE

Because my sister's papillon feels comfortable enough
To rest in my arms, I am invited by her husband
To participate in the brief meeting between the two,
Pushing her in the wheelchair from the oncology room
To some secluded corner outside it, next to a vending machine
For Pepsi, the panoramic windows dark now and serene,
So that my sister doesn't squint with insomnia,
Just reaches out her hand to hold her baby
Waiting in the arms of her husband sitting on the floor
Against the gray wall. She strokes his flopping ears
And says *I've missed you* in a voice that smells of medicine
But the dog doesn't nestle in her lap, rather moves in circles,
Ever gauging his balance, twitching his black button nose,
And for a long time nobody speaks, until her husband says
It must be the hospital smells throwing him off,
Though we all know better.

GLIMPSE

On a busy intersection, a possum is caught
        Between lanes, its little feet straddling
The white line. It manages to dodge one car
        Maybe two, eyes wide open,
And I, waiting on red, raise my hands to my face
        Because I know what's coming.
When I lower them, I catch a glimpse
        Of the body, still curved and soft,
Though that won't last under the relentless
        Weight of traffic. Because I'm too sensitive,
I want to weep and my friend
        In the passenger seat grows quiet
At my jagged breath. Futile, I think,
        Its attempts at escape when the light
Was already green and its eyes
        Would never open wide enough
For what was coming.

THE END OF THE WORLD

AFTER CZESŁAW MIŁOSZ

When the storm falls hard
Outside Starbucks, when the sun
Keeps rising like a planet
In a *Star Wars* film,
What more can I offer
To the end of this world?
This morning I read
That a seven-year-old Taiwanese boy died
After judo in which a mate and coach
Practiced throws on him twenty-seven times.
A Buddhist priest once told me
That before the awareness of suffering,
A person is not a person but suffering itself.
Given the boy's descent into pain,
Then the seventy-day coma,
What did they know about suffering
Except maybe the quieting of the machines?

ELEGY TO ELEGY

At the risk of risk
I want an elegy for elegies
A momentary account of loss
A praise of praise.

Hear me out—
If the theorists are right,
We are already marooned,
Severed from inhabiting
Our premodern selves

forever
And unable to return.
There is nobody left
To perform the ritual.

The boy was always
Already lost, there
In his mother's arms, there
Before the dark.

THERE WAS A SENTENCE

The third time I smoked pot, I saw,
On a tan living room wall
That wasn't there, a sentence
About my father who died old and infirm.
Words in relief the same shade as the wall
Rested their soft shadows, random letters
Slowly disappearing, until they could
No longer retain meaning, no longer
Remain what they had been.
In a moment I will no longer remember
Any of this, I heard myself say,
Conscious then of this slow dismantling.
There was a sentence and I used to know it,
I told my friend
Sitting silent in his backyard,
As the trees pulsated
An unspeakably radiant green.

BOY IN A BOX

There's Genie, not her real name, who was tied down
In a dark room and fed only milk for the first thirteen years of her life.
Then there's Elizabeth, imprisoned in the basement
For twenty-four years by her father, whose rapes resulted in six children.
The case of the boy in the cardboard box, a child's bruised body
Found in a dumpster, remains officially unsolved
Though a woman recalls a man selling a boy to her mother
For the purpose of torture. And I can't forget the twins,
One of whom suffered amnesia and so,
Had to learn from the other that as children
Their parents rented them out to monsters. That one
Was a Netflix documentary rather than the result
Of internet research touched by the algorithm.
There is always shock at the unfathomable details
And then a kind of surrendering in this new room
Of pain, even if sometimes the victim surpasses the trauma,
Discovering an unsoiled reserve of joy.
Genie never quite learned speech, but she's supposedly

Living a tranquil life in a special home
Where the caretakers see the feral of her
And don't wince. In the photo, taken one month
After her rescue, she's standing outside the hospital
With a blank stare. For a long time, she had trouble
Focusing her sight on anything farther than ten feet away,
About the size of her childhood room.

THE LAST TIME I WENT TO CHURCH

My father's body was in a casket
Up there near the altar. Near the light,
I've been told.

The last time I went to church,
My oldest sister asked me
Why I didn't weep—not when I got

The phone call, not when I entered
His room, my mother and my aunt silent
As candles, not when I lifted his body

From the bed to lay on a stretcher
Bound for the funeral home
And clumsily banged his head

Against the narrow doorframe,
Not when I thought then of the last hospital
Night, the timbre of his weeping—

Each sob smaller than the last,
Each it seemed both lament and deliverance—
After countless sleepless nights.

No more, he said, *no more.*
Not when I sat at his bedside then
And held him, turning his shoulders

Until he said *you're hurting me.*
A reminder of the ripples of our lives' days
Hardly ever interrupted by touch.

The last time I went to church
I told my father, who I'm told
Surely must have been sitting next to me

And free of pain,
I'm sorry about the doorframe.

IMMENSE

The wish is always that we'd walk in,
Give each other bear hugs,
Tight and unencumbered,
Nothing of my body shameful,
That he'd cradle my face in his palms
And smile wide, in awe of who I've become,
That I'd go to him twice a year
To help me unknot something of my heart
When it broke.
But my father never could be that—
His Spanish and my English,
His love of tractors, my love of books,
His big family, my nonexistent one.
Though, when I can't help it,
I must accept that the divide
Was much larger. Immense,
If all we could ever speak were cars and weather.
I buried him years ago
In a grave I've yet to visit,
Though in my dreams I walk to it
In silence, undress, curl in the grass,
The headstone my pillow,
And ask him how to extinguish
This wish that won't die.

NIGHTFALL

Hen kicking dirt,
Shrieks like flames,
Twisted beak stabbing
The air, head hanging
Off a wrung neck.
Pig circling frantic
Inside the pen
After the first steel pole
Against its back.
Goat bleating before
Even seeing the knife's
Sharp edge. Cow bleeding
Out by the tracks,
The painted train
Long gone. A poem,
They say to me
With every nightfall,
Is that all?

I WAS NEVER YOUNG (WITH YOU)

FOR MY MOTHER

I was the nine months
And the day. I was
The threat and the disaster, I know. I was
The thing you were taught
Should take you in, hold you
Back from the ledge. And I was
The guilt and its blade.
I was never a child with you.
I was the end in the end, I whisper
To the back of your head,
Now that you stoop to stand,
Cough to breathe, now
That you face the wall
Before the kitchen sink:
How many dishes scrubbed
How many years,
You say, knowing
The number is the mystery
Of why you stayed.
Now that you turn
And ask: *What was it all for?*
And I hold you
Because I can do nothing more
Against the evening's indifference.

FACE

WITH A LINE BY LUIVETTE RESTO

The line reads "even the lines on her face"
But for a second, I read "linens"
Which becomes a woman with a cut
Of fabric shrouding her entire head,
Gathered in the back,
Thin and almost white, not quite gauze.
Weathered cotton. The woman is silent
And steady against a cloudless sky, a blue
That foregrounds something hidden and hideous
About her, which becomes my face,
Skin irritated raw so that it almost hurts
To speak. Bitter winters I tend to spend away
From the world, which is nothing compared
To the narrator of the memoir *Autobiography of a Face*,
Who suffered so many surgeries to her face
Beginning when she was eight, though the image
On the book cover shows a strip of fabric
Only over the eyes.

EVIDENCE

And maybe you're already losing interest,
Time never being what it seems,
Or just redirecting it to the groceries
That need sorting, the doctor's office
That needs calling. Go feed the dog
Then. No, go feed the dog. Please.
And tell him you love him,
Knowing of that unfettered joy
Almost ecstatic in its evidence.
Speak to him who, you swear,
Somehow understands
What the entirety of now
Could be.

WONDER

Sometimes I wish
I could leave
The bramble of unpleasant memories
I call a boy
In the living room
Before I step out
To traffic and debt.
Let him sit
On the couch,
Arms at his sides,
The way a doll sits,
Motionless and unbothered
Or at least sedate.
Let him hide away
From the rest of me,
Whoever that may be.
I've been carrying him
So long, I don't know
My heft without him
Anymore, except in brief moments
Of intoxication. Some nights,
Sleeping in my nightshirt,
I suspect there is no heft
Without him, only an outline
Like a human-shaped soap-bubble
Some child breathed life to
For the sake of wonder.

ODE TO THE SEARS FAMILY PORTRAIT

Mother in her Catholic Sunday best,
Gold earrings that dangle tastefully,
Hands crossed over her lap that rests
On an invisible chair.
Father in a tie knotted by the eldest son,
Teenager who now stands behind his mother,
Face pocked by pimples and hand
On her padded shoulder closest to the edge.
Middle sister standing in the space between
Her parents, hands crossed over her pubis.
Her quinceañera portrait will be next.
And the prince that sits on Father's lap,
On one Docker-clad knee, actually,
Because they show the crease nicely.
The only one too young to fix his gaze long enough
At the camera. Ode to the background canvas,
A charcoal haze against which
To highlight all the smiles.
Ode to the waxy paper and the Sears frame
And the front door facing wall
Of every neighbor's home that displayed
Such a gesture, such a relic.

FLAIL

After reading the poem by Ada Limón,
I hurl the book across the room,
The pages crumpling against the opposite wall,
The way a wounded bird flails as it falls.

Another gorgeous one about an aging mother,
    The daughter contemplating the mother's tears,
    Her love for her daughter contemplating
Scarring her skin with a tattoo.

How many poets have written their own kind
In a notebook, fiddled the phrasing until it glowed,
Read it aloud to a devoted audience
With their earnest applause?

How many mothers have loved this love,
    While I contemplate my mother's eyes
    As she says over the phone that her children
Have abandoned her.

What was the use of having so many of 'em?
She spits to someone on the line,
While I sit across from her in the living room.

MERCY

If you could ask the stars,
Those flickers that visit nightly,
They would tell you it wasn't them
Who carved us from mud
To marvel at our opposable thumbs.
It wasn't them who forfeited God
For a watch that didn't work anyway.
It wasn't them who sometimes denied
Us the living mirror we named Love.
And still, you look to them
For stories, for riddles, for answers
That they never possessed.
I'm not saying I'm better than you—
Far from it, if you find me here
Erecting the same elements
With these meager tools,
Wanting even now to give them life,
That they may look upon me with mercy.
I've been a prophet. I've been a fool.

3

ON STANDING BEFORE THE REPURPOSED WAREHOUSE IN MY HOMETOWN

I would really like for the frog
To make an appearance. Its diminutive body
Slick with that permeable skin
Unexpectedly resting on the road,
Surely finding its way to the grassy patch
By the enormous warehouse.
After the rain, the inch-long frog
Has come alive, rare and resurrected
From the sun-scorched earth of McAllen, Texas.

See, its presence reminds the speaker
Of his own childhood summers away from this town
All the way up in the panhandle
With its onion fields, pre-dawn shift, burlap sacks,
Metal shears, and frogs (entire communities
It seemed) unstoppable across the dirt rows.
Yes, this frog on the road should make an appearance
As some kind of symbol by the warehouse,
That cross-less compound down the street
From the speaker's old middle school.

The galvanized steel walls,
The poles with the recognizable flags,
The front doors with the signs "No smoking within ten feet of this entrance"
        and "No photography"
On the glass, tinted dark of course,
Chain-link fence with privacy slats
Tall around the rest of the structure,

And the corner entrance with the motorized sliding gate
For the buses with the metal-barred windows,
Also tinted,
And the undocumented children silent in them.

I should warn you, their brown-eyed stares could break you.
Does it matter whether members of Congress
Have already shown up to see for themselves?
Let us say this fact is nonessential,
That it draws attention away from the purpose
And the speaker with his own memories
Of hunger and futile prayers. We must bring this back
To the poem's charge—their foil wrappers,
Their recorded cries and coughs, their play pretend
Of calling each other "hermano," "hermana," "madre"—
Inadequate attempt against erasure—
Their blinding nights, their uniformed overseers,
Their bloodshot eyes.

Say we name every part of them, every last one,
That we might reconstitute something
Of who they were before this—
The long walk, the despair,
The sacking of their countries' mines—
Might it be like touching the hand of God?

And if we called out their names

All the ones dead and dying
Felipe Gómez Alonso
Carlos Gregorio Hernández Vásquez
Jakelin Caal Maquin
Mariee Juárez
Josué Ramírez Vásquez
Darlyn Valle
Juan de León Gutiérrez
Could they then rise from the concrete floor,
Past the cages, the eye-burning ceiling lights,
Past the flags, the reach of the city's thrum,
Until they turned to see it all
And remembered a country they called home?

SOMETIMES

Sometimes I'm a student of theater again,
The play is about to end,
And the audience's laughter filters
All the way back to the dressing room
Where I pace back and forth
Along the line of mirrors,
The spiders of panic crawling
Up my arms. Not only
Do I not know my lines,
But up until this moment,
I didn't even know
I was one of the players,
And I berate myself
For this unexplainable lapse,
When nothing will halt the show
That demands I wait by the wings
And pretend to be willing
For an audience that has now gone
Completely silent.

BORDERLINE

When I can't sleep, I hum "Borderline"
By Madonna. Actually, hum only
The early notes that surface,
The video a slow-mo of street dancing
With brown boys, follow the speaker
In my head, not because it recalls joy
But because desire then was only
A melody, longing only a synth
On a loop. The song never ends
Because soon morning comes
With the ex-president's legacy of orange,
The brown body ruined by the white god-gun,
The woman's body mangled by the boyfriend,
The talking head in a ten-grand suit,
Another movie star with hands in prayer
And a thirsty Twitter. You know,
Another bent poem dressed in jeans,
Buttoned-down shirt and dress shoes.
Watch it start the car and back out.
                                        Watch it become traffic,
When all it wanted was Madonna
Kissing a boy
On the rooftop of a dawning city.

SIGNALING

FOR THE MEN OF THE BRISTLECONE PROJECT

I'm trying to say how bad I am at hiding
The tell of my self-sabotaging doubts, how readable I am—
How most everyone can read the signal over my words.
But all I can think of is my last Facebook post,
A link to a nonprofit for male survivors of sexual abuse
With its scrolling page of portraits and true stories.
The pandemic's isolation had me Googling support groups
When this appeared: faces of middle-aged
Men smiling above their bios and instructions on how to participate.
I can travel to you, I emailed the man with the mic and camera,
Which is how I ended up outside his home in Albuquerque
After taking two flights to reach him,
A retired psychologist who would have come to me
Were it not for his recent leg amputation to cancer.
After I spoke my story—the cousin's threats,
My nine-year old self, the darkest room—
We said goodbye, but not before he asked for permission
To wrap his arms around me in the warmest embrace,
The way a father might have.
The late-day desert view was never more beautiful.
Eventually he uploaded my story to the page
Which got the welcome support on Facebook,
Except that to explain my motivation behind this act,
I then posted a link to a video of a gray-bearded man
In a red T-shirt labeled "Raped by a Teacher in My School"
That got no response because, of course,
Why would anyone click on the word "raped,"
Even if when I saw him smile through sorrow

Because he was in a “much better place” now than at twelve,
All I wanted to do was hold him, stand by him, with him,
Which is what I typed on the post accompanying the video
That I suspect no one saw—not the aftermath on his face,
Not the life disfigured into a Dali nightmare,
Not the pain, raw like day-old roadkill, over not just the violation
But the school nurse who didn’t inquire when he kept repeating *I want to go home,*
The cop who said forget about it,
The call center that said men can’t be raped.
How many more ways does the world fail a child?
Maybe it was too much to ask
That the townspeople of Facebook click a response.
I know we each carry our share of devastation.
And it is entirely possibly that they watched the video
Without clicking Like or a variant. I suppose
I’m attempting to consider better possibilities.
Working on it, you might say. But if you could just see him,
Pausing to gather himself, shaking his head momentarily,
As if freeing himself from the memory.

WOODEN BOLLARDS

Do you think there may have been violence?
I ask my friend. *Most likely*, she says dryly,
Because she, too, has known about bullies.
There was certainly name-calling in school hallways,
And some pushing around,
But my mind cannot recall more, a gray sky
Obfuscating the world entire as soon as their hands
Rise in anger. Recently though I learned the term "dissociate":
    to separate the self from the body exposed,
    to retreat into the head,
    which children often do
    when a situation becomes unbearable
    and escape impossible.
Check and check and still, the thought of carrying
Unrecalled memories unsettles me—
Thunder that never manifests into storm.
Every morning, I'd pause at the school's threshold—
Wooden bollards, weathered, where the boys would usually stop
Chasing me at day's end—and hold my breath as I crossed.
Never told anyone.
Of course, says my friend. *Of course.*

NEIGHBOR

American flag recast
In grainy black and white
But for one blue stripe
Long as a baton,
Wide as a street in a night
Lit by tear gas
And rubber bullets
Straight to the face,
Hangs from the two-car garage.
Second to it, a black flag
With "Army Strong" in white.
Borderland, land of mestizos,
Land of Ranger and speak-English-only ghosts.
Neighbor absent, always
Almost abandoned fort.
Dust-coated car on the driveway.
Street streaked with
The loyalty parade's debris.
What kind of man might I be?

FOCUS

No more long-distance gaze at the horizon,
No more middle-distance gaze out the poignant back door.
I've held every last thing in my hand and felt its heft like a glass bottle.
No more ever-repeating episodes
Of that '90s sitcom on the gargantuan TV,
No more no pets
    —How could I trust myself with another living thing?
I've run out of patience.
To my credit, I managed to escape the villagers' torches
And even their superstitions.
Outran them, at least.
Know that, though I won't call this a poem,
I offer it as the clearest evidence
That I was—in this muted house,
At the dining table with the laptop
And the ring light circling that hollow—
Here.

THE BEGINNING

WITH A LINE BY ADA LIMÓN

We've come this far, survived this much,
Says the poet, weary and wonderful.
But what if we haven't?
When I was five, I thought
My thirty-year-old teachers were old.
As a child in the '80s, I thought
The Beatles were some ancient band
From an unfathomable past.
What if we're all babies still,
Only believing three million years
Of walking upright is far because
Our neurons can't yet comprehend the rest?
Hadn't the Romans believed
They'd reached the zenith?
Hadn't the Egyptians before them?
Perhaps we want to believe we're aged
Because we feel it and won't imagine
So much more of deer disemboweled on highways
And children sold to the dark web,
Refuse to follow our own evident logic:
A planet so poisoned,
We'll be then what cattle are now,
Fed more antibiotics than food,
And "cured" by the overlords
From that waste of time called sleep.
Wedded to smart technology,
We'll identify with the elements themselves.
And life will be richer for it,

The voice will boom from speakers in the sky.
If every other species has been
For so much longer, we
Must be children still.
I'm sorry, this is just the beginning,
I want to tell the poet
One day, when we meet in the library
At the end of the world.

A CITY WITHOUT MIRRORS

The journalist's voice hovered over images
Of small-town USA—boys on bikes
Through canopied neighborhoods, mailboxes
Adorned with flags, actual picket fences—
A pandemic similar to the one
From 1918 will happen in our
Lifetimes, say the scientists. It is not
A matter of if but a matter of when.
Was it *20/20* or *Dateline* in that living room,
Mom making Friday dinner
And I trying hard to see
The future with all its heft? A future
With a much older me, older than my eighteen,
Parents gone, perhaps, and spared
A country in disaster-movie chaos
Half afflicted, half terrified
Panic shopping, something like the local market
Before hurricanes made landfall.
Panic everything. The border with Mexico
Closed, families praying for loved ones
Across the bridge, every church in mourning.
Could it come to be?
What poor tool, this imagination inadequate
To the task of even my graying hair,
As if in a city without mirrors.
And what would survival mean against poisoned breath,
I asked the ceiling light, somber now
Like every other object in the room,
And when no answer came,

I turned it off and walked into another room.
¿Qué dicen? asked Mom.
Los doctores predicen una pandemia
Como en 1918, I responded,
Turning then to the window as she opened a door
And walked outside. I don't know why.

ODE TO THE GOLD STARS

And the silver ones, too,
Lined in different quantities by
Each student's name
On the classroom posterboard.
Whether they were for attendance, As,
Or good behavior,
They sparkled metallic like flecks of Christmas dreams
And championed each of our efforts.
Ode to the smooth prize ribbons for spelling bees,
(Did First Place or For Participation even matter?)
The smiling faces marked on homework,
And the stickers. Oh, the stickers.
Ode to the classmate's sticker album,
First one I'd ever seen—so many pastels, glitter
And gloss over neatly lined Care Bears, Garfield,
My Little Pony, Mickey Mouse, She-Ra, Scooby-Do.
Some even scented. Like magic.
Ode to the sticker album I put together then
With construction paper pages
With a few stickers taken from my impeccable
Homework sheets plus business decals
And political bumper stickers, too big for each page,
From the junk mail. I'm not ashamed to say
That texture alone, that color alone, was beauty enough.
Ode to the smooth of removing each clean back liner,
A symbol of everything unsullied, unspent.

IN THE PRESENCE OF SUNLIGHT

Our bodies had limits, perimeters,

Edges marking the end of us and the beginning of not us:

The flies hovering in space, the dirt floor stubborn beneath everything.

The table too was rectangular every time,

As was the door facing west

And its modest field of corn or sometimes sorghum,

A mesquite in one corner,

A mulberry tree in the other,

And when they started losing their traces,

Branches blending in with the purpling sky behind them,

I knew to turn back to the kitchen so as not to miss it—

My family slowly fading away, beginning at the edges,

The nearest part of their bodies always the last to go,

Then the glint of the eyes

Then hardly shadows with voices

Humbly calling out, *The sun is leaving us.*

I've written about this so many times.

EVERY OTHER THRESHOLD

So what of the past
And its tangle of withered vines,
Its rotted fruit? So what of the window,
The doorframe, the fence, and every other threshold
Through which we contemplate light?
They won't spare us the future's maw.
If you asked my mother, I was heartless.
Unwilling to indulge her enough of her past.
Unfathomable, even to you, she once said.
Sea por Dios, she added. Every time.
Who knows how many years have passed
Since her death, and still, some mornings
I can smell the debris of the crucifixes
That I tore from every room of her house after the wake
To make a bonfire by her lemon tree.
Every day we invent a ritual.

ENTIRE

There was dirt once, an entire earth
That clung to our bare feet when it rained,
Scorched them when it hadn't,
Coated our arms when it rose
With the dry, furious wind.
How obvious, I thought then,
That it wanted to touch, interact,
Even if just molecule to molecule.
We hated that we couldn't escape its reach—
Even indoors, weighing down our heels,
Licking our shoelaces. How it even opened itself
To other creatures, a baby snake poking through,
Surveying the kitchen. Such naked desire,
Though we never called it that, even after we moved
To another country with its concrete
And vast fields held inert beneath.
Our feet never touch mud now,
I told my mother the other day.
Yes, she said, *yes.*
That was all.

SHELTER

Don't misunderstand me, I love a good poem,
Like half my Facebook friends, one that transports you
To a corner of the soul you didn't know was there
Because you couldn't find the precise metaphor,
Even if you felt it, like that time my parents saw
A local news story of an older woman asking for help
With an ailing husband, and I volunteered to drive them
To the address onscreen, a neighborhood
I'd never driven through, though it looked familiar
With its usual poverty: a few leaning boards called a house
And inside the woman from the news in half-light
Thanking us for the comforters in our hands and pointing
To a foldout chair where we could place them
Before introducing us to her husband, a scraggly beard
Beneath a crinkled blanket on a cot right there
In what would have been the living room, groaning
In the muted manner of those who know this is
As good as it'll get, the woman's nonstop small talk
About *So it is, life's a struggle* and *Please stay awhile*
And *Take a seat,* as if we were long-missed relatives,
All this in Spanish, though I translate it here
Because I want to reach the widest audience
And not burden the monolingual English reader
When they've already gifted me their time by reading this,
Which I'll call a poem, one that my parents can't read,
As they only speak Spanish with that poor Mexican lilt of apology
Which kept them from interrupting the woman, a Spanish
I've kept but rarely use, though I did that moment
When I kept telling my mother *We have to go*

With an almost impolite urgency, because I couldn't bear
One more minute in that near-replica of the room of my childhood,
Even as the woman said *He seems to be in such a hurry*
And my mother smiled, making excuses as we turned to leave,
While I bemoaned my parents' passive politeness
So common in the Mexican in America, though by then
I was already a grad student in upstate New York
And down in South Texas for the winter break
Between semesters of reading Adichie and Alexie
And risking words together to find something
Like the point of this, some search for the reason
For the speaker's love of poems, that pull
Of the written word as artifact, as a kind of tool
Against the sometimes overwhelming sadness about all of it—
Including the fact that some of us it seems will never be allowed
The time and energy to sit with a poem, like them
In that illusion of shelter, though perhaps
They were closer to poetry's pursuit, that edge of oblivion
Where words begin becoming insufficient—the woman
With her frantic speech beseeching us and the man
Extending his bony hand out, as if from the cot itself,
The tremor of it trying to say something that sounded
Like a greeting, that sounded like a plea.

ACKNOWLEDGMENTS

Grateful acknowledgment is made to the editors of the following publications and websites where these poems, sometimes in previous form, first appeared:

Academy of American Poets website (*Poem-a-Day*): "Mercy"
The Common: "Immense"
English Journal: "I Was Never Young (with You)"
Huizache: "Glimpse" and "Signaling"
Latin American Literature Today (online): "The Ghosts in My Room"
Meetinghouse: "Borderline" and "By the Vending Machine"
The Missouri Review (online): "Pilgrim"
Nepantla Familias: A Mexican-American Anthology of Literature on Families in between Two Worlds (Texas A&M University Press): "The Last Time I Went to Church"
The New Yorker: "Entire," "In the Presence of Sunlight," "Shelter," and "Tender"
Paterson Literary Review: "Ode to the Gold Stars" and "One Day Walking Home from School"
PEN/Faulkner Foundation website: "On Standing before a Repurposed Warehouse in My Hometown"
Pleiades: "The End of the World" and "(number per day) × (number of school days per year) × (number of years) = 5,400; or, A Low Estimate of the Number of Times I Was Name-Called between Third and Eighth Grades"
Salamander: "Bleat"

"Shelter," read by Sandra Cisneros, was featured in Kevin Young's poetry podcast for *The New Yorker*.

Thank you to Northwestern University Press for giving this work a home.

Thank you to friends near and far. I never forget you.

Thank you to my students, whose hope and courage inspire me.

Finally, to my family of origin, thank you for your invaluable sense of humor and your strength, in particular to my sister Morayma for putting up with my silliness and soapbox the most.